| | |
|---|---|
| school - škola | 2 |
| reis - dromaripe | 5 |
| transport - transporti | 8 |
| stad - diz | 10 |
| landschap - pejzaži | 14 |
| restaurant - restorani | 17 |
| supermarkt - supermarket | 20 |
| drankjes - piiba | 22 |
| eten - habe | 23 |
| boerderij - farma | 27 |
| huis - kher | 31 |
| woonkamer - bešimaski kamara | 33 |
| keuken - kujna | 35 |
| badkamer - banya | 38 |
| kinderkamer - čhavengi kamara | 42 |
| kleding - šeja | 44 |
| kantoor - ofiso | 49 |
| economie - ekonomia | 51 |
| beroepen - profesie | 53 |
| werktuigen - alatia | 56 |
| muziekinstrumenten - muzikane instrumentia | 57 |
| zoo - zoo | 59 |
| sporten - sportia | 62 |
| activiteiten - aktivitetia | 63 |
| familie - familiya | 67 |
| lichaam - trupo | 68 |
| ziekenhuis - hospitalo | 72 |
| noodgeval - sigyaripen | 76 |
| aarde - phuv | 77 |
| klok - saato | 79 |
| week - kurko | 80 |
| jaar - berš | 81 |
| vormen - forme | 83 |
| kleuren - boje | 84 |
| tegengestelden - mamujipena | 85 |
| cijfers - gende | 88 |
| Talen - ćhiba | 90 |
| wie / wat / hoe - ko / so / sar | 91 |
| waar - kote | 92 |

Impressum
Verlag: BABADADA GmbH, Nedderfeld 112 , 22529 Hamburg
Geschäftsführer / Verlagsleitung: Harald Hof
Druck: Books on Demand GmbH, In de Tarpen 42, 22848 Norderstedt

Imprint
Publisher: BABADADA GmbH, Nedderfeld 112 , 22529 Hamburg, Germany
Managing Director / Publishing direction: Harald Hof
Print: Books on Demand GmbH, In de Tarpen 42, 22848 Norderstedt

# school

# škola

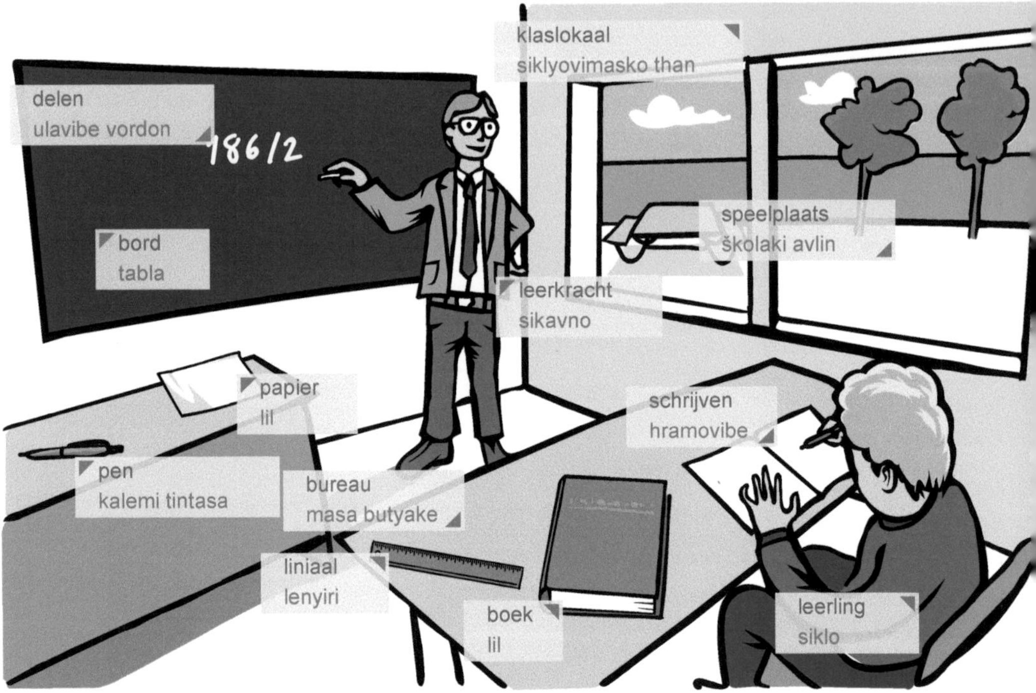

klaslokaal
siklyovimasko than
delen
ulavibe vordon
186/2
bord
tabla
speelplaats
školaki avlin
leerkracht
sikavno
papier
lil
schrijven
hramovibe
pen
kalemi tintasa
bureau
masa butyake
liniaal
lenyiri
boek
lil
leerling
siklo


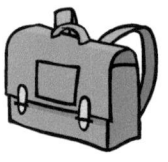

schooltas

dumeski tašna

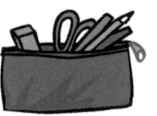

pennenzak

kalemengi kutia

potlood

kalemi

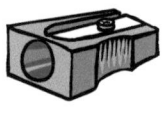

puntenslijper

kalemengi čhurori

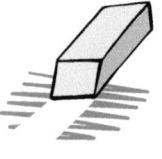

gom

kosimaski guma

tekenblok

čitrimasko bloko

tekening

čitribe

verfborstel

boyimaski frča

verfdoos

boyimaski kutia

schaar

kata

lijm

lepako

werkboek

bukjardarimasko lil

huiswerk

khereski buti

nummer

gendo

optellen

džide

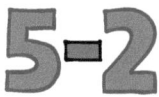

aftrekken

ikal

vermenigvuldigen

multiplicirin

rekenen

kalkulirin

letter

hramome lil

alfabet

alfabeta

woord

lafo

tekst

teksti

Lezen

drabaribe

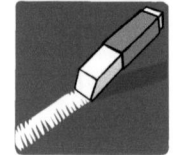

krijt

kreda

les

lekciya

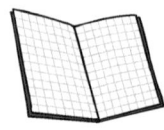

klassenboek

Klasesko registro

examen

egzameni

certificaat

sertifikato

schooluniform

školaki uniforma

onderwijs

edukacia

encyclopedie

enciklopedia

universiteit

univerziteto

microscoop

mikroskopo

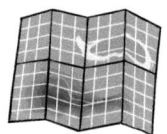

kaart

mapa

papiermand

korpa čhudimaske lila

# reis
# dromaripe

hotel
hoteli
Grand
jeugdherberg
Lačhi blevel!
ROOMS
wisselkantoor
biro baši devize
EXCHANGE
koffer
koferi
auto
vordon

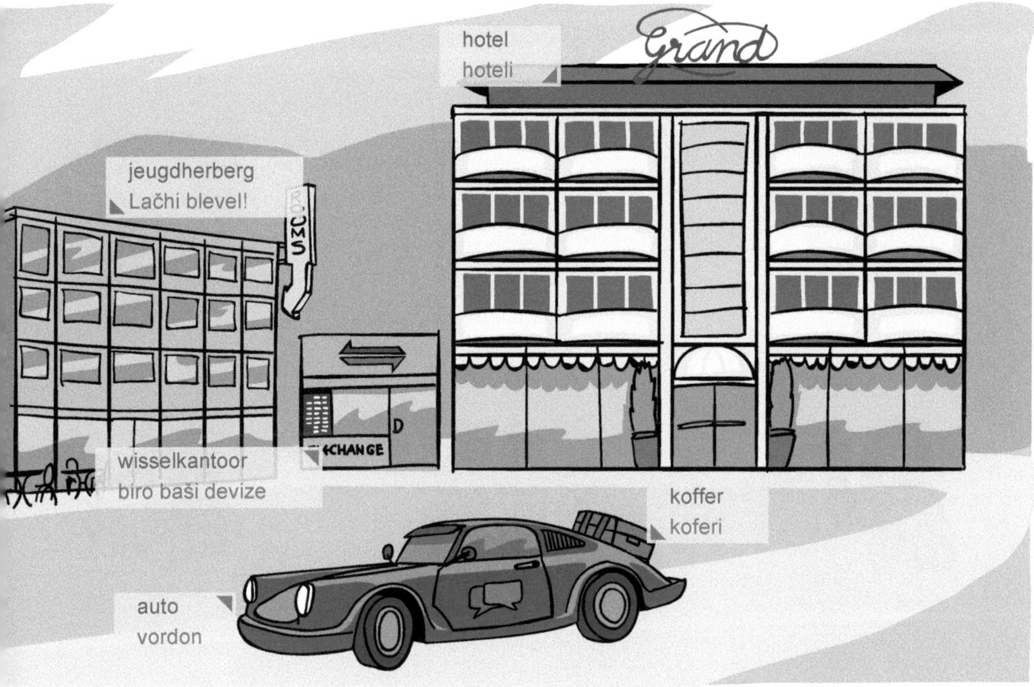

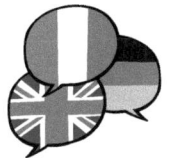

Taal

ćhib

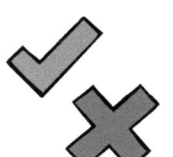

ja / nee

va / na

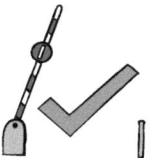

oké

Okay

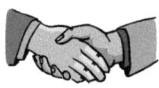

hallo

Namaste

vertaler

tumači

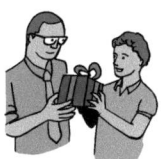

bedankt

Ov sasto

Hoeveel kost …?

Kozom si…?

Ik begrijp het niet

Na havava

probleem

problemo

Goedenavond!

Lačhi rat!

Goedemorgen!

Lačhi javin!

Goedenavond!

Lačhi rat!

Tot ziens

ačhon Devlesa

richting

dromeski sikavin

bagage

bagaži

zak

gono

rugzak

dumesko gono

gast

misafiri

kamer

kamara

slaapzak

sovimasko gono

tent

cerha

toeristeninformatie

turistikani informacia

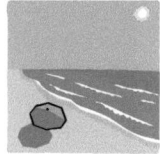

strand

plaža

kredietkaart

kreditno kartica

ontbijt

javinako habe

lunch

kušluko

avondeten

ratyako habe

ticket

karta

lift

elevatori

postzegel

marka

grens

simantra

douane

adetia

ambassade

ambasada

visum

viza

paspoort

pašaporti

# transport
## transporti

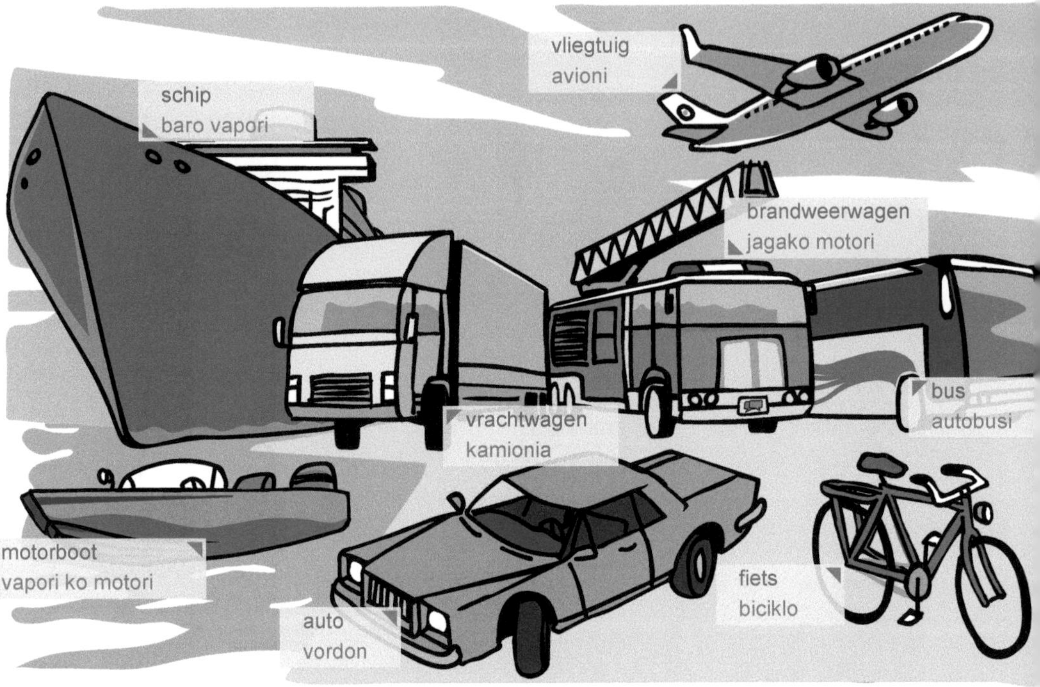

vliegtuig
avioni

schip
baro vapori

brandweerwagen
jagako motori

bus
autobusi

vrachtwagen
kamionia

motorboot
vapori ko motori

fiets
biciklo

auto
vordon

veerboot

feri vapori

boot

vapori

motor

motorciklo

politiewagen

policiako vordon

racewagen

prastamasko vordon

huurauto

rentakar

carpoolen

ulavibe vordon

sleepwagen

rumosardo kamioni

vuilniswagen

kamionengo than

motor

motori

benzine

petroli

benzinestation

petrolesko stasioni

verkeersbord

trafikoskere išaretia

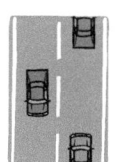

verkeer

trafiko

file

baro trafiko

parkeerplaats

rdonesko parkirimasko
than

station

pampurengo stasioni

sporen

kamionia

trein

pampuri

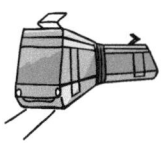

tram

tramvaj

wagon

vagoni

helikopter

helikopteri

luchthaven

aeroporti

toren

kula

passagier

dromarutno

container

kontejneri

karton

kartoni

kar

vordonoro

mand

sevli

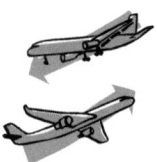

opstijgen / landen

urjalipasko starto /
urjalipasko agor

## stad
## diz

dorp

gav

stadscentrum

dizyako centro

huis

kher

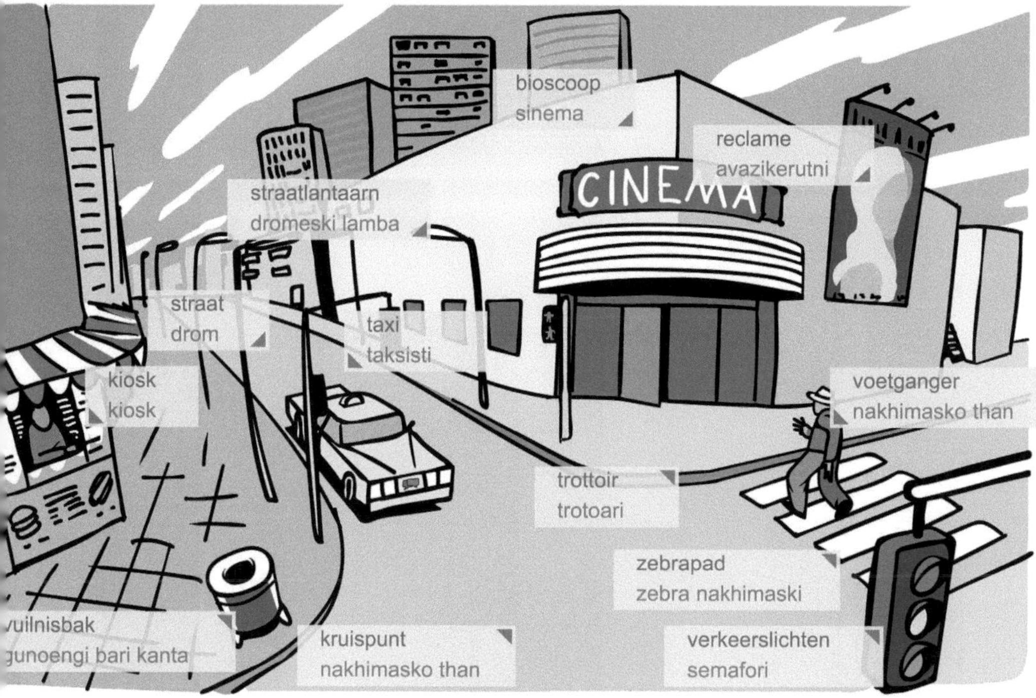

bioscoop
sinema

reclame
avazikerutni

straatlantaarn
dromeski lamba

CINEMA

straat
drom

taxi
taksisti

kiosk
kiosk

voetganger
nakhimasko than

trottoir
trotoari

zebrapad
zebra nakhimaski

vuilnisbak
gunoengi bari kanta

kruispunt
nakhimasko than

verkeerslichten
semafori

hut
koliba

woning
apartmani

station
pampurengo stasioni

stadshuis
dizyaki sala

museum
muzeji

school
škola

universiteit

univerziteto

bank

banka

ziekenhuis

hospitalo

hotel

hoteli

apotheek

apoteka

kantoor

ofiso

boekwinkel

lil bikinimasko than

winkel

dukyano

bloemenwinkel

lulugengo bikinutno

supermarkt

supermarket

markt

kurko

warenhuis

baro bikinimasko kher

vishandelaar

mačhengo astarutno

winkelcentrum

kinimasko centro

haven

vaporengo ačhovimasko than

park
parko

bank
klupa

brug
purt

trap
merdevenya

metro
metro stasioni

tunnel
tuneli

bushalte
autobuseski adžikerin

bar
bar

restaurant
restorani

brievenbus
poštako mohto

straatnaambord
dromesko išareti

parkeermeter
parking than

zoo
zoo

zwembad
nangyovimasko bazeni

moskee
džamiya

boerderij
farma

milieuverontreiniging
melalipe

kerkhof
limorengo than

kerk
khangeri

speelplaats
khelimasko than

tempel
hramo

# landschap
## pejzaži

blad
patrin

wegwijzer
išareti

weg
drom

weide
livazin

steen
bar

boom
kašt

wandelaar
phiravno

rivier
len

gras
čar

bloem
luludi

vallei

harno than

heuvel

bairi

meer

devrijal

bos

veš

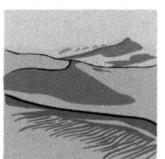

woestijn

mulano than

vulkaan

vulkano

kasteel

saraji

regenboog

renkali badalin

paddenstoel

gaba

palmboom

palma kašt

mug

sivrija

vlieg

mak

mier

karandža

bijl

birumni

spin

pauko

landschap - pejzaži

kever

buba

kikker

žamba

eekhoorn

ververica

egel

kanzauri

haas

šošoj

uil

buf

vogel

pakšin

zwaan

lebedi

wild zwijn

bali

hert

eleno

eland

eleno

dam

pani garavin

windturbine

bavlalaki turbina

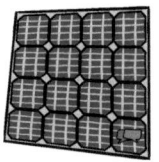

zonnepaneel

solarno paneli

klimaat

klima

# restaurant
# restorani

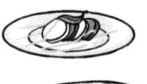

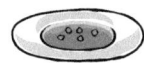

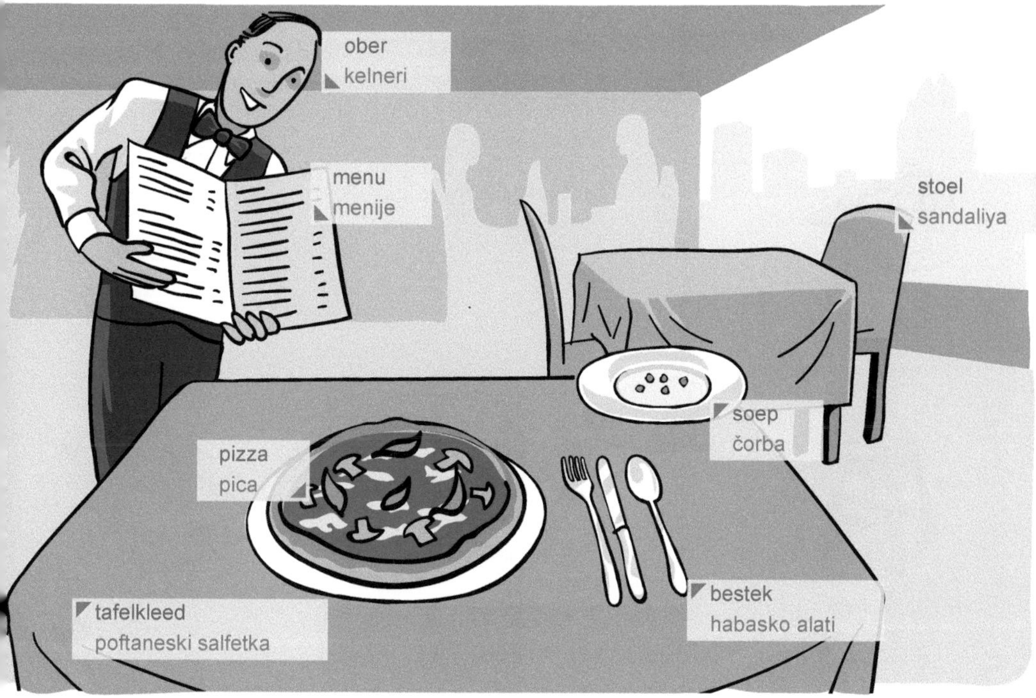
ober
kelneri
menu
menije
stoel
sandaliya
soep
čorba
pizza
pica
tafelkleed
poftaneski salfetka
bestek
habasko alati

voorgerecht

avgo habe

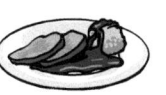

hoofdgerecht

šerutno habe

nagerecht

gudlimata

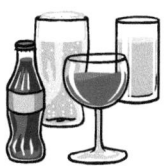

drankjes

piiba

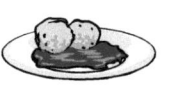

eten

habe

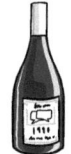

fles

šiša

fastfood

fast food

street food

sokakongo habe

theepot

čajniko

suikerpot

šekereskoro čaroro

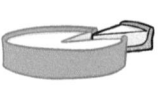

portie

porcia

espressomachine

makina vaš espresso

kinderstoel

uči sandaliya

rekening

esapi

dienblad

apladiya

mes

čhuri

vork

vilyuška

lepel

roj

theelepel

čajeski roj

serviette

salfetka

glas

tahtai

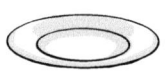

bord

čaro

soepbord

čaro čorbake

schoteltje

hor čaro

saus

sosi

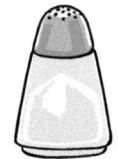

zoutvatje

londesko čaroro

pepermolen

kale biberesko pišlo

azijn

šut

olie

zejtini

kruiden

začinia

ketchup

kečap

mosterd

senf

mayonaise

majonezi

# supermarkt
# supermarket

aanbieding
specialno oferta
FOR
klant
mušteriya
zuivelproducten
thudeske butya
fruit
emiši
winkelwagen
vordonoro


BUTCHERS


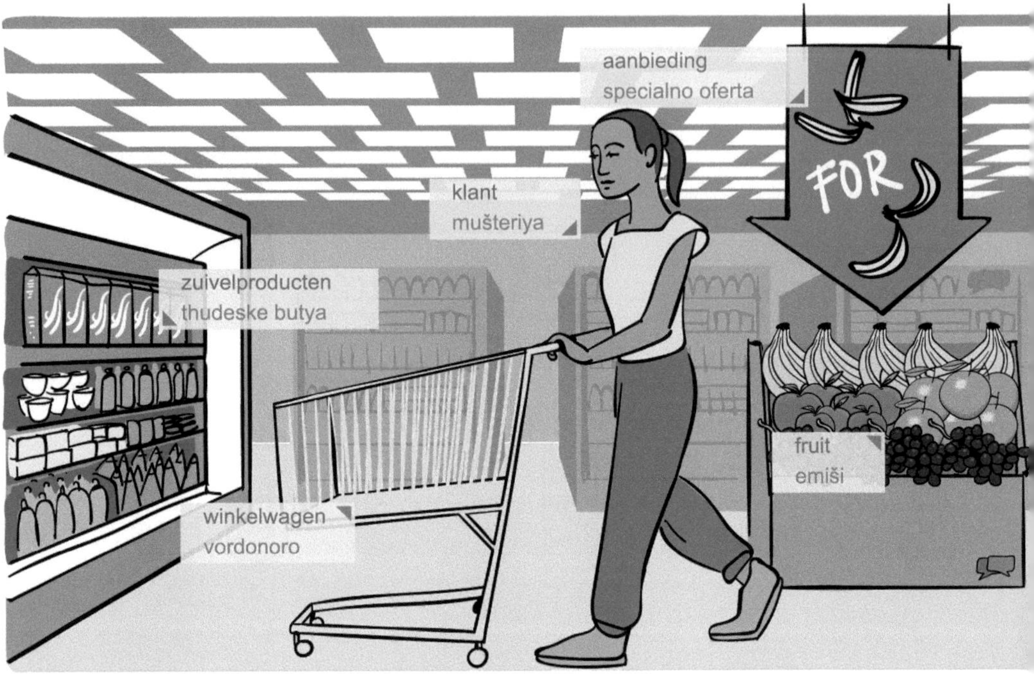

slagerij

kasapi

BAKERY


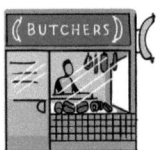

bakkerij

furuna

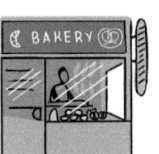

wegen

ladavipe

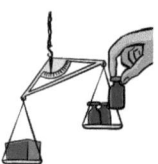

groenten

zarzavati

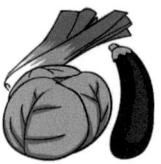

vlees

masesko rolati

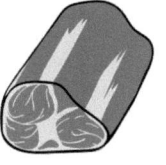

diepvriesvoedsel

pahome habe

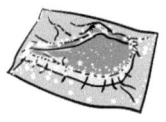

charcuterie

šudro mas

conserven

konzerva

waspoeder

thovimasko prašako

snoep

gudlimata

huishoudproducten

khereske butya

schoonmaakproducten

užarimaske butya

verkoopster

bikinutno

kassa

kasapi

kassier

kasieri

boodschappenlijstje

kinimaski patrin

openingstijden

putarimaske satura

portefeuille

lovengi tašna

kredietkaart

kreditno kartica

tas

gono

plastieken zakje

plastikano gono

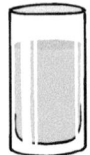

water

pani

sap

džus

melk

thud

cola

kola

wijn

mol

bier

bira

alcohol

alkohol

cacao

kakao

thee

čaj

koffie

kafa

espresso

espresso

cappuccino

cappuccino

banaan

banana

appel

phabaj

sinaasappel

portokali

meloen

kavuni

citroen

limoni

wortel

karota

knoflook

sir

bamboe

bambusi

ajuin

purum

champignon

gaba

noten

akhora

noodles

humereske butya

spaghetti

špageti

rijst

rezo

salade

salata

frieten

čipsi

gebakken aardappelen

peke kompiria

pizza

pica

hamburger

hamburger

sandwich

sendviči

kalfslapje

kotleti

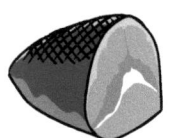

ham

žamboni

salami

salama

worst

goja

kip

khajnako mas

braden

peko

vis

mačho

havervlokken

popara

muesli

musli

cornflakes

kornfleks

bloem

varo

croissant

kroasani

pistolet

masesko rolati

brood

maro

toast

tosti

koekjes

biskotia

boter

puteri

kwark

urda

taart

torta

ei

jaro

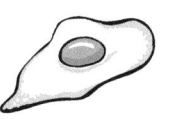

spiegelei

peke jare

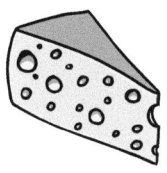

kaas

kiral

ijs

šudro gudlo

suiker

šekeri

honing

avgin

confituur

džem

choco

čokoladaki krema

curry

kari

# boerderij

## farma

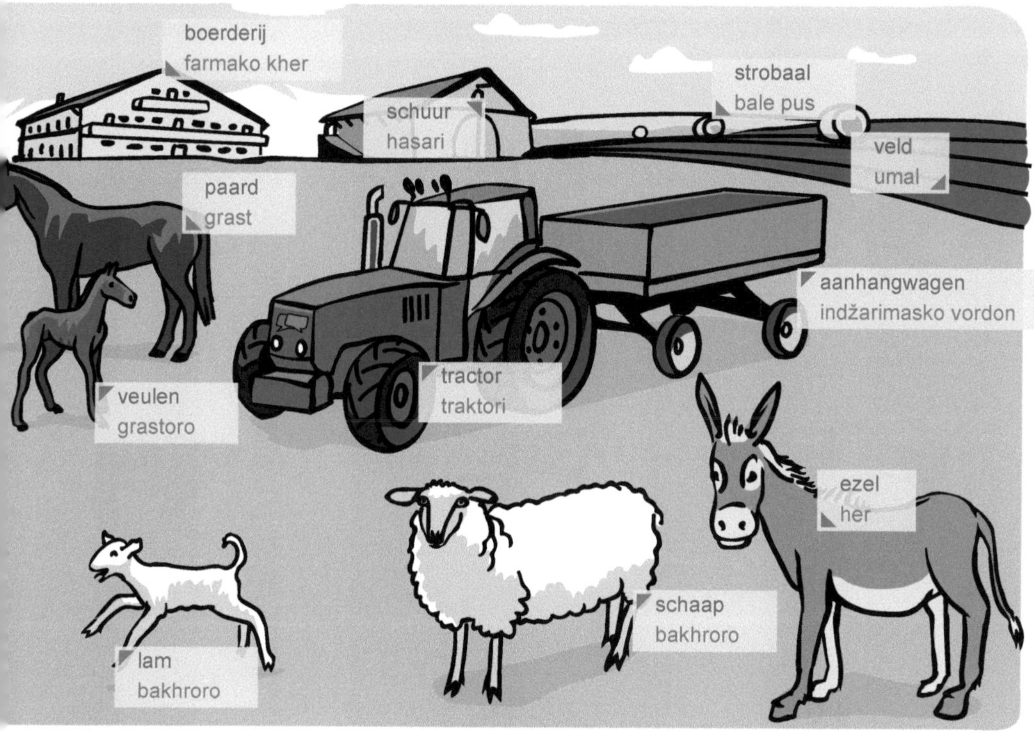
boerderij
farmako kher
schuur
hasari
strobaal
bale pus
veld
umal
paard
grast
aanhangwagen
indžarimasko vordon
tractor
traktori
veulen
grastoro
ezel
her
schaap
bakhroro
lam
bakhroro

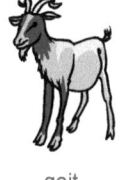

geit

buzno

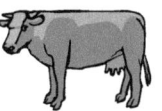

koe

guruvni

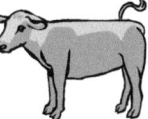

kalf

guruvoro

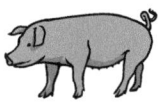

varken

balo

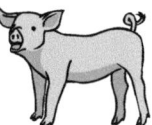

biggetje

baloro

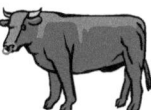

stier

guruv

gans
papin

eend
payka

kuiken
pilička

kip
khayni

haan
bašno

rat
baro germuso

kat
bilika

muis
germuso

os
guruv

hond
džukel

hondenhok
džukelesko kher

tuinslang
žardina

gieter
panyarimaski kanta

zeis
aindžako kidimasko alati

ploeg
plugo

sikkel
srpo

schoffel
motika

hooivork
aindžaki vilyuška

bijl
tover

kruiwagen
vordonoro phiravutno

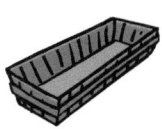

trog
balani

melkkan
thudeski šiša

zak
harari

hek
trujalutni

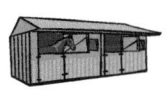

stal
jahri

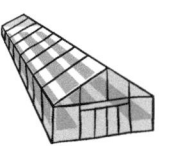

broeikas
haryalo kher

bodem
phuv

zaad
seme

mest
gyubre

maaidorser
aindžako kidipe

oogsten

kidibe aindž

oogst

harmani

yam

phuvaki phabaj

tarwe

giv

soja

soja

aardappel

kompiri

maïs

mumuruzi

koolzaad

šarlagani

fruitboom

emišengo kašt

maniok

Kasava

graan

giveskere javinlukoja

# huis
# kher

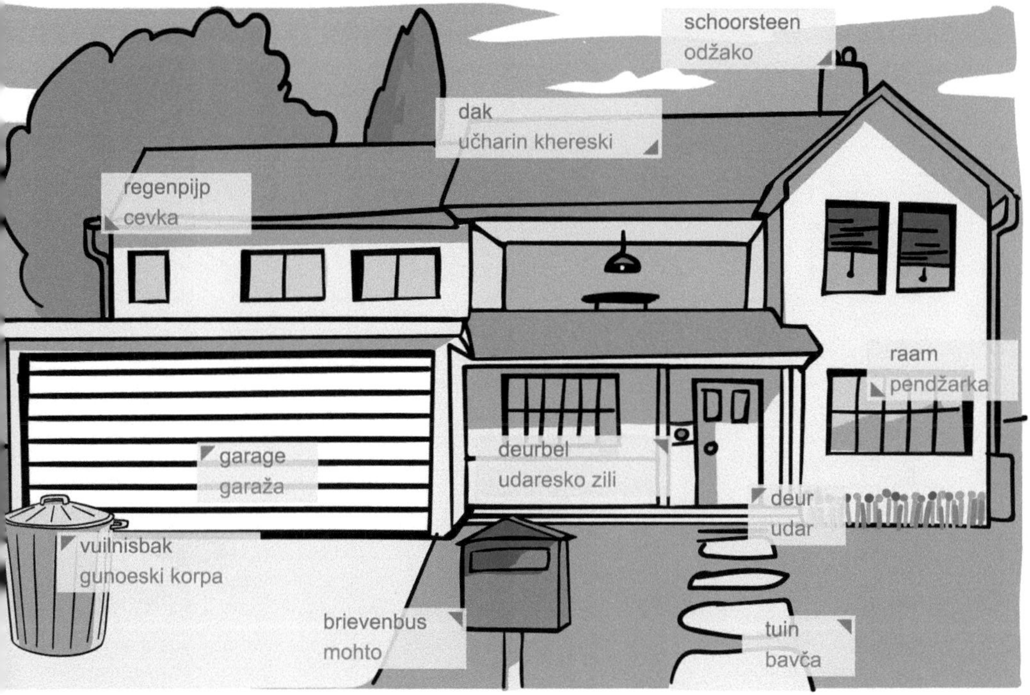
schoorsteen
odžako
dak
učharin khereski
regenpijp
cevka
raam
pendžarka
garage
garaža
deurbel
udaresko zili
deur
udar
vuilnisbak
gunoeski korpa
brievenbus
mohto
tuin
bavča

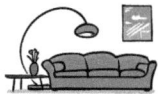

woonkamer

bešimaski kamara

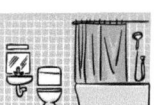

badkamer

banya

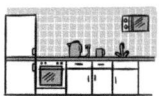

keuken

kujna

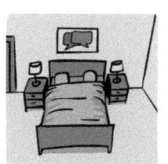

slaapkamer

sovimasko than

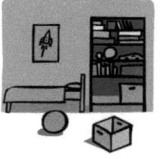

kinderkamer

čhavengi kamara

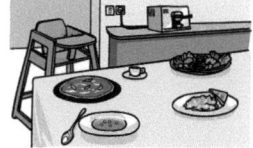

eetkamer

than hajbaske rakjako habe

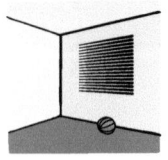

vloer

kati

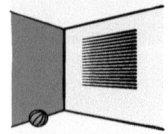

muur

duvari

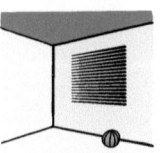

plafond

tavano

kelder

špajzi

sauna

sauna

balkon

terasa

terras

terasa

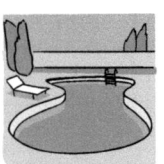

zwembad

bazeni

grasmaaier

čar harnyarimaski makina

dekbedovertrek

patrin

dekbed

čaršafia

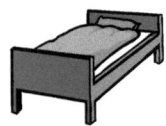

bed

kreveto

bezem

šulavni

emmer

korpa

schakelaar

elektrikani phabarin

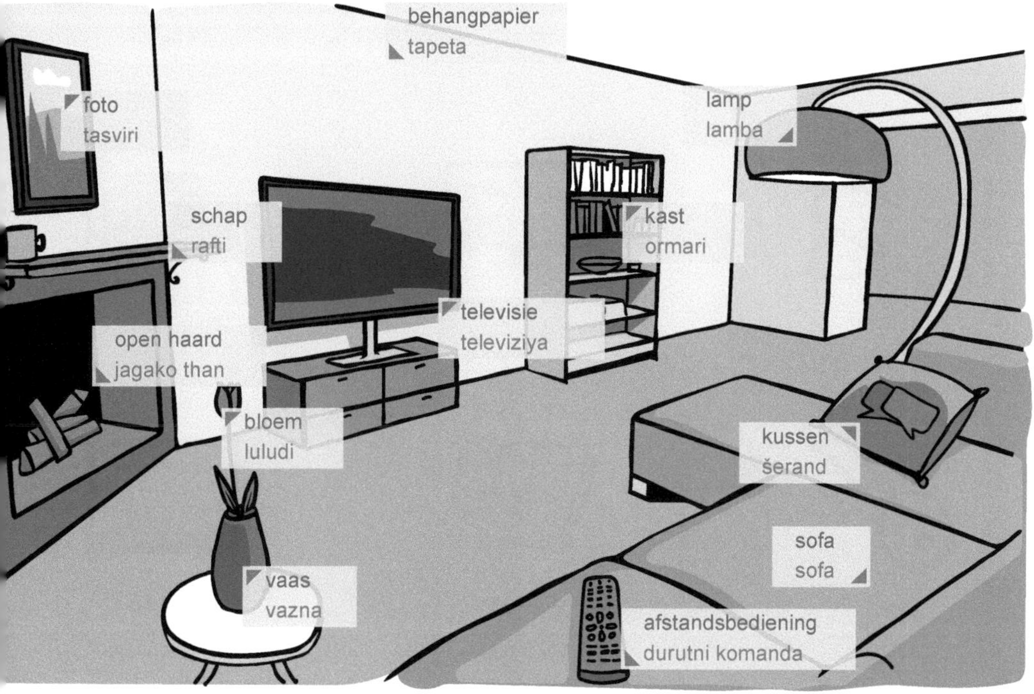

behangpapier
tapeta

foto
tasviri

lamp
lamba

schap
rafti

kast
ormari

televisie
televiziya

open haard
jagako than

bloem
luludi

kussen
šerand

sofa
sofa

vaas
vazna

afstandsbediening
durutni komanda

| | | |
|---|---|---|
|  |  |  |
| mat | gordijn | tafel |
| kilimi | perde | masa |
|  |  | |
| stoel | schommelstoel | fauteuil |
| sandaliya | kunajka sandaliya | fotelya |

boek

lil

deken

kebe

decoratie

dekoraciya

brandhout

kašta phabarimaske

film

filmi

stereo-installatie

stereo ašunimaske butya

sleutel

nahtari

krant

gazeta

schilderij

frčaja bojakeribe

poster

posteri

radio

radio

notitieboekje

hramovimasko bloko

stofzuiger

elektrikani šulavni

cactus

kaktusi

kaars

momoli

# keuken
# kujna

koelkast
frižideri
microgolfoven
mikrodalgaki rerna
keukenweegschaal
kujnako kantari
broodrooster
tosteri
afwasmiddel
detergenti
oven
furna
vriesvak
hor pahonimaski komora
vuilnisbak
gunoeski korpa
vaatwasmachine
detergenti čarenge


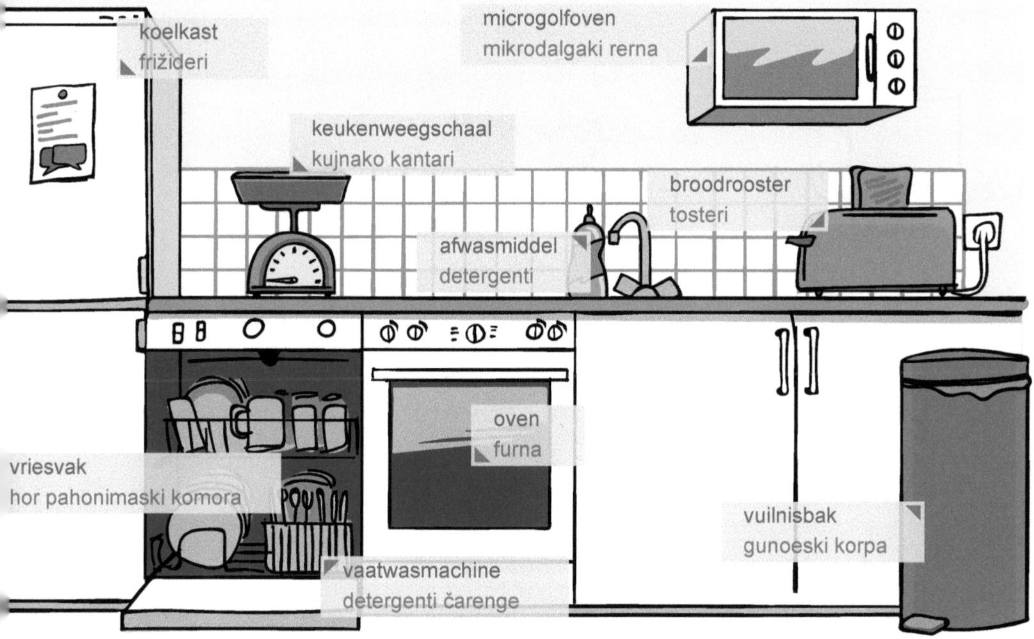

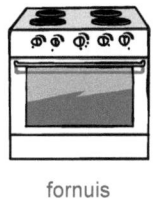

fornuis

keravimasko than

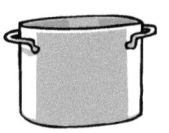

pot

čaro

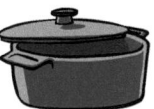

gietijzeren pot

sastrnali tendžera

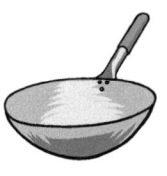

wok / kadai

vok cihani

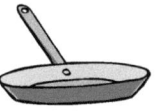

pan

tava

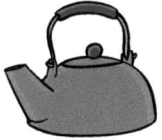

waterkoker

elektrikano bokali

**stoomkoker**

tendžera ki para

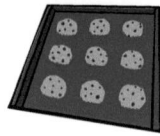

**bakplaat**

tepsija

**servies**

čare

**mok**

bareder fildžano

**kom**

čaro

**eetstokjes**

kinakere habaskere kaštore

**pollepel**

fioka

**spatel**

špatula

**garde**

vastesko mikseri

**vergiet**

cedimasko čaro

**zeef**

porizen

**rasp**

rende

**mortier**

avano

**barbecue**

skara

**haardvuur**

puteribe jag

snijplank

čhinimaski tabla

deegrol

oklagia

kurkentrekker

puterimasko alati

blik

konzerva

blikopener

konzervako puterutno

pannenlap

čaresko ikerutno

gootsteen

lavabo

borstel

frča

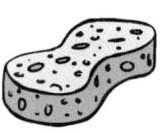

spons

sungeri

blender

mikseri

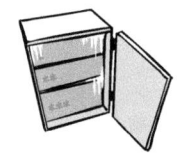

vriezer

hor pahonimasko frižideri

papfles

bebeski šiša

kraan

češma

# badkamer
## banya

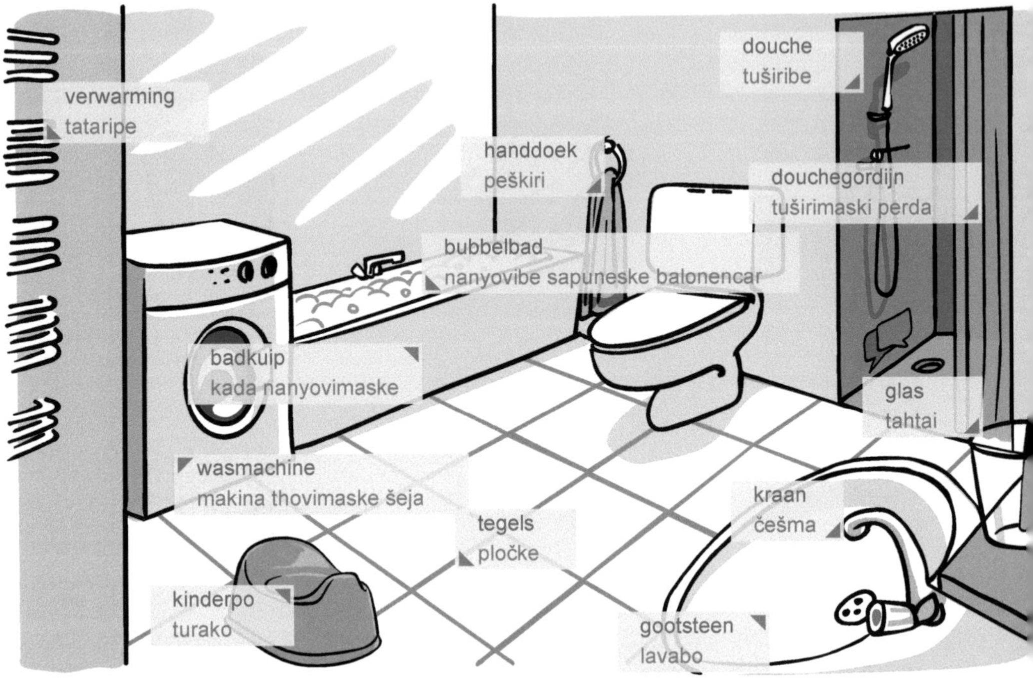
douche
tuširibe
verwarming
tataripe
handdoek
peškiri
douchegordijn
tuširimaski perda
bubbelbad
nanyovibe sapuneske balonencar
badkuip
kada nanyovimaske
glas
tahtai
wasmachine
makina thovimaske šeja
kraan
češma
tegels
pločke
kinderpo
turako
gootsteen
lavabo

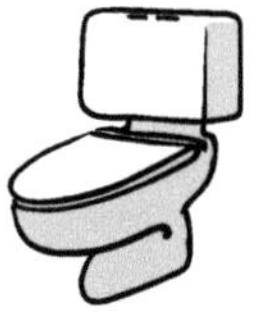
toilet
toaleti

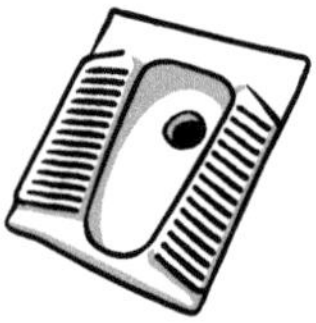
hurktoilet
toaleti bešimasa ko pundre

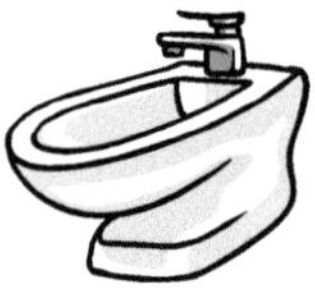
bidet
bide

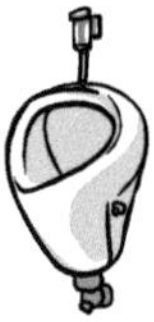
urinoir
pisoari

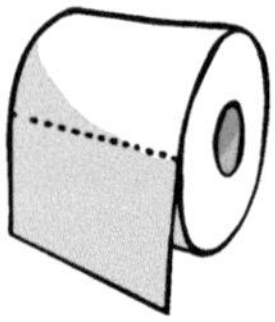
toiletpapier
toaletesko lil

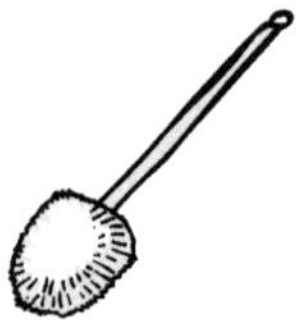
toiletborstel
frča toaleteske

**tandenborstel**
danda thovimaski frča

**tandpasta**
danda thovimaski krema

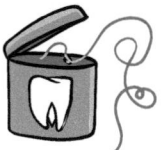

**flosdraad**
dandesko thav

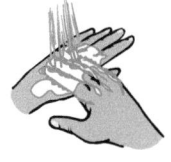

**wassen**
thovibe danda

**handdouche**
vasteskoro tuši

**bidethanddouche**
tuši

**waskom**
lavabo

**rugborstel**
dumeski frča

**zeep**
sapuni

**douchegel**
tuširimasko geli

**shampoo**
šamponi

**washandje**
flanela

**afvoer**
kada ćidimaske pani

**crème**
krema

**deodorant**
dezodoransi

spiegel

ajna

handspiegel

vasteski ajna

scheermes

žileti moravimaske

scheerschuim

moravimaski pena

aftershave

palal muravimaski krema

kam

kanglik

borstel

frča

haardroger

feni balenge

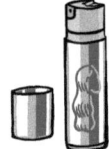

haarlak

sprej balenge

make-up

šminka

lippenstift

karmini

nagellak

oja najenge

watten

pamuko pošom

nagelknipper

kata najenge

parfum

parfemi

toilettas

gono thovimaske

kruk

sandaliya

weegschaal

tereziya

badjas

bademantili

latex handschoenen

gumena kalcunya

tampon

tamponi

maandverband

toaletno lil

chemisch toilet

hemikano toaleti

# kinderkamer
# čhavengi kamara

wekker
alarmesko sato
knuffel
mangli khelutni
speelgoedauto
vordonora khelimaske
rammelaar
tropalka
poppenhuis
bebedžikongo kher
geschenk
bakšiši

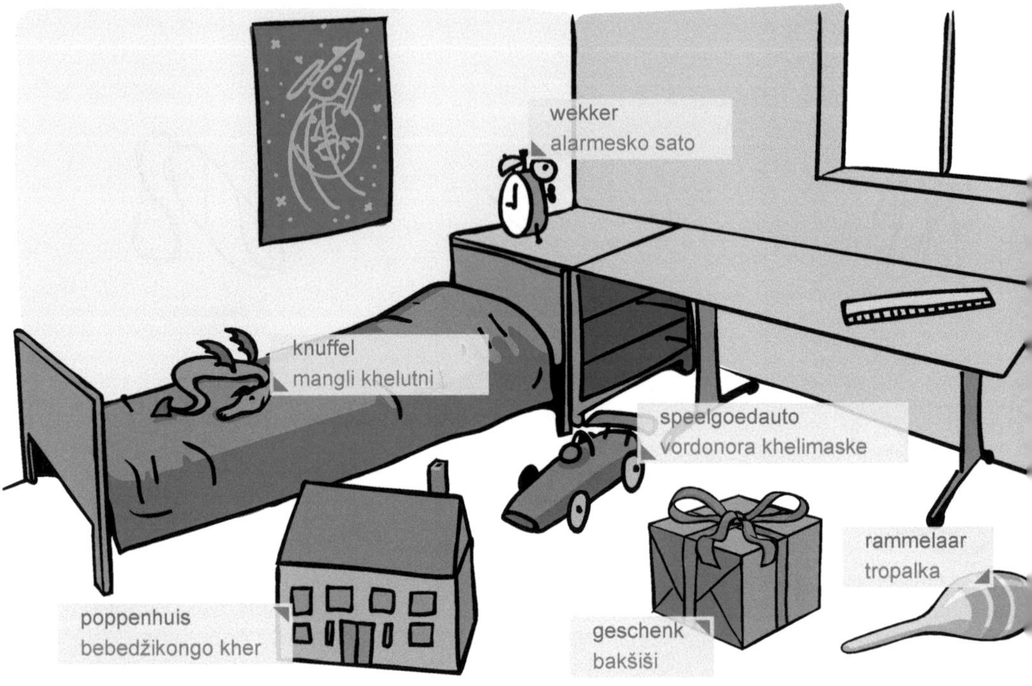

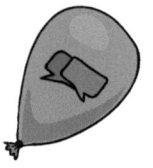

ballon

baloni

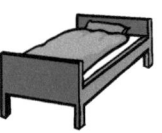

bed

kreveto

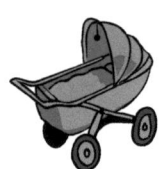

kinderwagen

bebengo vordon

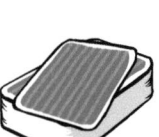

spel kaarten

špili karte

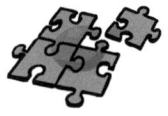

puzzel

ker-rumin khelin

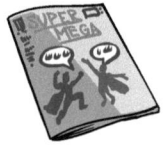

stripboek

komikano lil

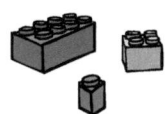

legoblokjes

lego kocke

blokken

kocke khelimaske

actiefiguur

akciaki figura

kruippakje

bodi bebeske

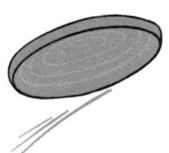

frisbee

frizbi

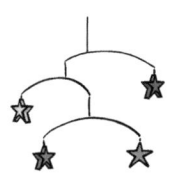

mobiel

mobile

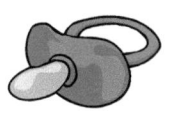

bordspel

masa khelimaske

dobbelsteen

zari

modelspoorweg

pampuri khelimaske

fopspeen

cucla

feest

bahlana

prentenboek

tasvirengo lil

bal

topka

pop

bebedžiko

spelen

khelibe

zandbak
pošikako than

schommel
kuna

speelgoed
khelimaske butya

spelconsole
konzola video khelimaske

driewieler
triciklo

knuffelbeer
poftaneski ričini

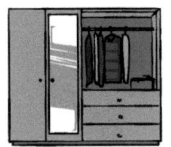

kleerkast
garderoba

# kleding
# šeja

sokken
kalcunya

kousen
khuvde kalcunya

maillot
hulahopke

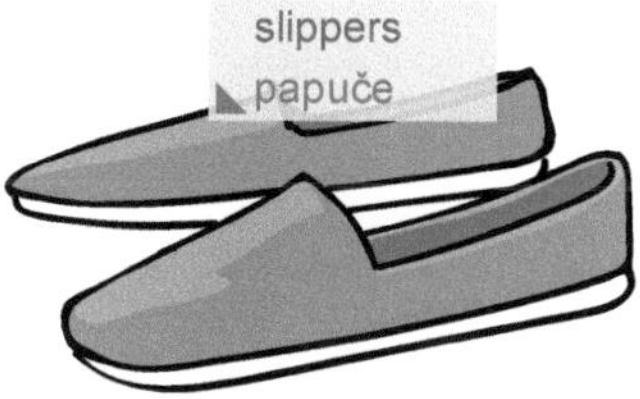

sjaal
momija

paraplu
čadori

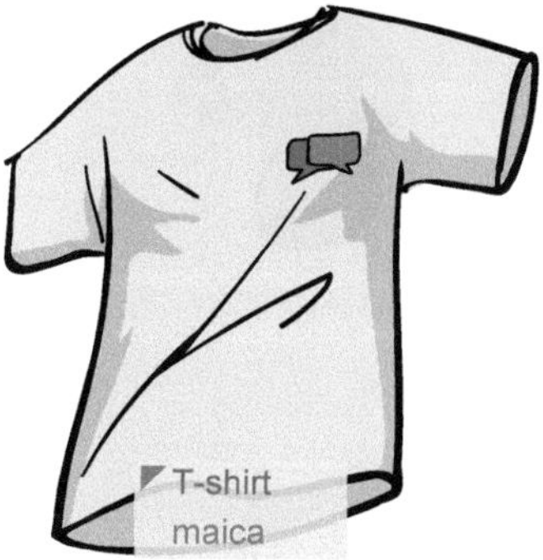

T-shirt
maica

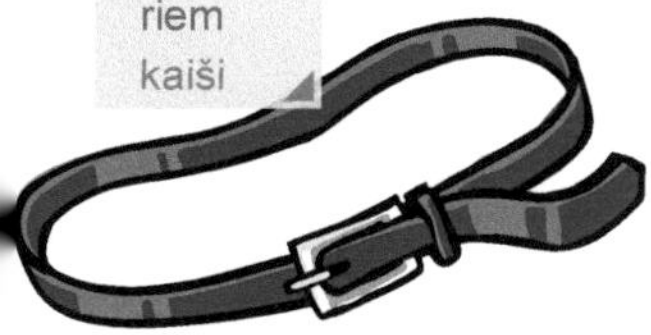

riem
kaiši

laarzen
čizme

slippers
papuče

sneakers
trenerke

sandalen
...............
sandale

schoenen
...............
menije

rubberlaarzen
...............
gumena čizme

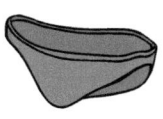

onderbroek
...............
sostenya

beha
...............
eleko

onderhemd
...............
jeleko

lichaam

bodi

broek

pantalonya

jeans

farmerke

rok

suknya

blouse

bluza

hemd

gat

trui

puloveri

capuchontrui

dukseri

blazer

harno kaputi

jas

džeketi

jas

kaputi

regenjas

biršimdesko mantili

kostuum

kostimi

jurk

fustano

trouwjurk

prandinako fustano

pak

kostumi

nachthemd

rakjako fustano

pyjama

pižame

sari

sari

hoofddoek

momija šereske

tulband

turbani

boerka

burka

kaftan

kaftani

abaya

abaya

badpak

nangyovimaske šeja

zwembroek

buxle pantolonya

short

harne pantolonya

trainingspak

sporteske trenerke

schort

kecelya

handschoenen

vasteske kalcunya

kleding - šeja

knoop

kopča

bril

gjuzlukya

armband

belegziya

ketting

mirikle

ring

angrustik

oorbel

čeni

pet

stadik

kapstok

kaputeski čiviya

hoed

stadik

das

kravata

rits

patenti

helm

kaciga

bretellen

dandenge proteze

schooluniform

školaki uniforma

uniform

uniforma

slabbetje
ligarka

fopspeen
cucla

luier
pherno

# kantoor
## ofiso

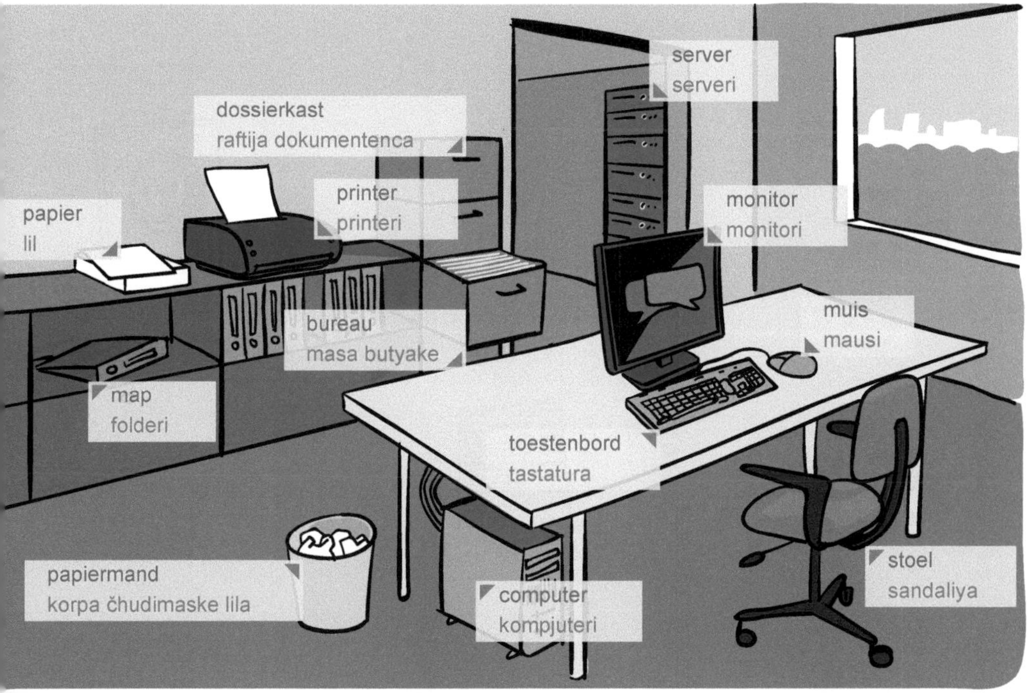

server
serveri

dossierkast
raftija dokumentenca

printer
printeri

monitor
monitori

papier
lil

bureau
masa butyake

muis
mausi

map
folderi

toestenbord
tastatura

papiermand
korpa čhudimaske lila

computer
kompjuteri

stoel
sandaliya

koffiemok
fildžano kafake

rekenmachine
kalkulatori

internet
internet

laptop

laptop

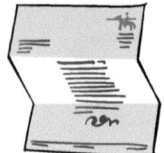

brief

lil

bericht

mesaži

gsm

mobilno telefono

netwerk

netvorko

kopieerapparaat

kopirimaski makina

software

softveri

telefoon

telefono

stopcontact

štekeri

fax

faks makina

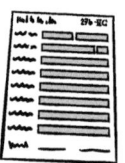

formulier

formulari

document

dokumento

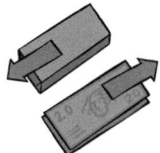

kopen
kinibe

betalen
pokinibe

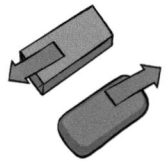

handelen
kino-bikinibe

geld
love

dollar
dolari

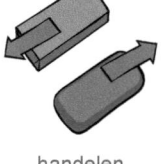

euro
euro

yen
jeni

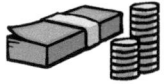

roebel
rublya

Zwitserse frank
švajcariako franko

Chinese renminbi
renminbi juan

roepie
rupija

geldautomaat
lovengo automati

wisselkantoor

biro baši devize

goud

somnakaj

zilver

rup

olie

petroli

energie

energia

prijs

fiyati

contract

kontrakto

belasting

taksa

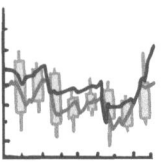

aandeel

berzaki akcija

werken

butikeribe

werknemer

butyarno

werkgever

butyako dendutno

fabriek

fabrika

winkel

dukyano

# beroepen
# profesie

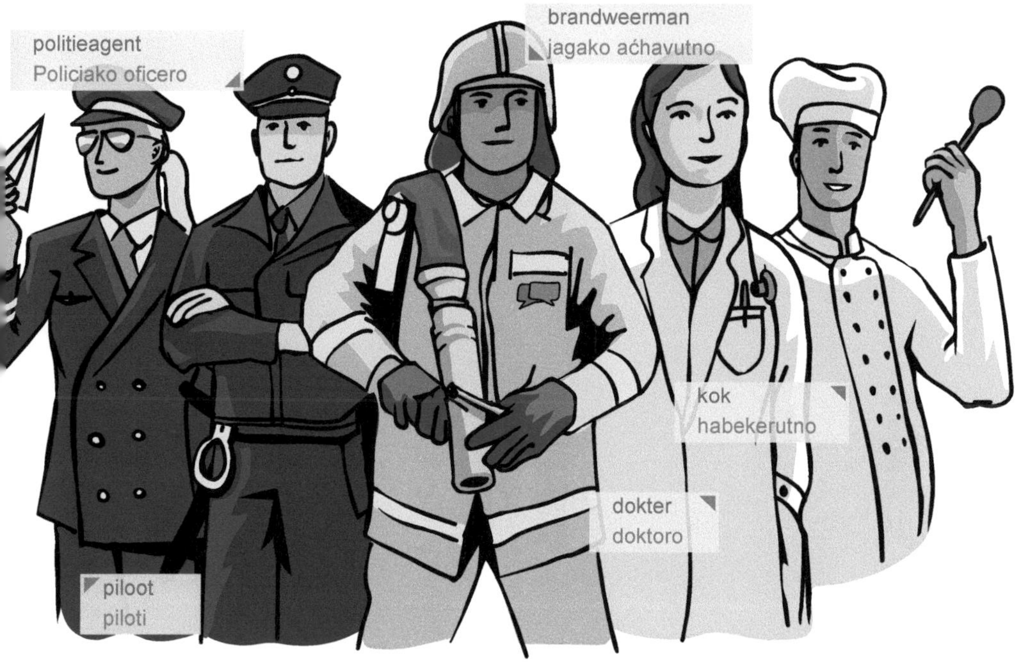
politieagent
Policiako oficero
brandweerman
jagako aćhavutno
kok
habekerutno
dokter
doktoro
piloot
piloti

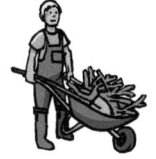

tuinman

bavčako butyarno

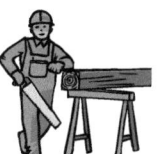

timmerman

tišleri

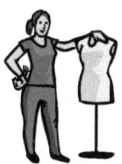

naaister

šnajderka

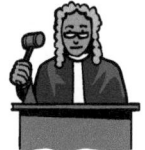

rechter

krisuno

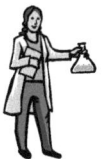

chemicus

hemičari

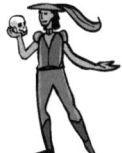

acteur

akteri

buschauffeur

autobusesko šoferi

taxichauffeur

taksisti

visser

mačhengo astarutno

schoonmaakster

užarutni

dakdekker

učharinengo kerutno

ober

kelneri

jager

avdžija

schilder

tasvirkerutno

bakker

furnadžia

elektricien

elektrikako phirno

bouwvakker

tamirutno

ingenieur

inžinjeri

slager

kasapi

loodgieter

panjesko butyarno

postbode

poštari

soldaat

askeri

architect

arhitekto

kassier

kasieri

bloemist

luludyari

kapper

frizeri

conducteur

kondukteri

mecanicien

mekanisti

kapitein

kapetani

tandarts

dandengo saslyarno

wetenschapper

vigjanalo manuš

rabbijn

rabini

imam

imami

monnik

rašaj

geestelijke

rašaj

# werktuigen
# alatia

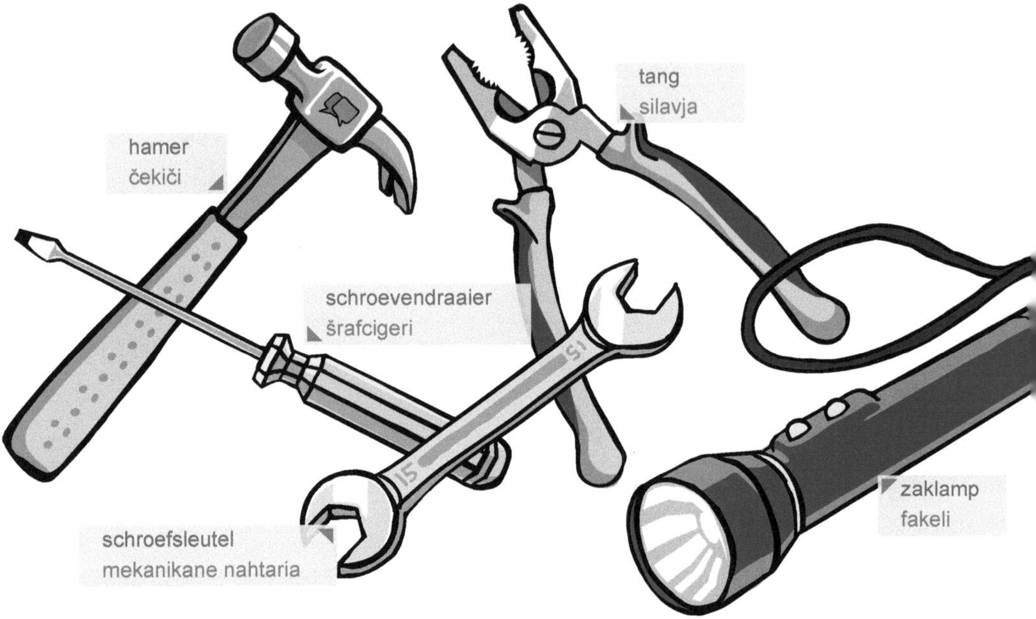

tang
silavja
hamer
čekiči
schroevendraaier
šrafcigeri
zaklamp
fakeli
schroefsleutel
mekanikane nahtaria


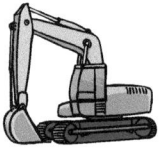

graafmachine

hrandimasko alati

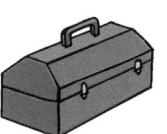

gereedschapskoffer

alateski kutia

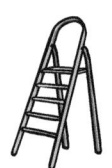

ladder

merdeveni

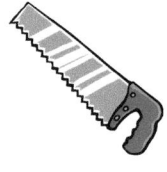

zaag

pila

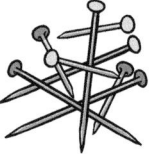

spijkers

karfa

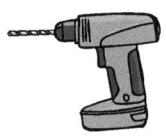

boormachine

posavin

repareren
lačharkeribe

schop
lopata

Verdomme!
Naleti!

blik
vatrali

verfpot
lonco bojimaske

schroeven
šrafja

## muziekinstrumenten
## muzikane instrumentia

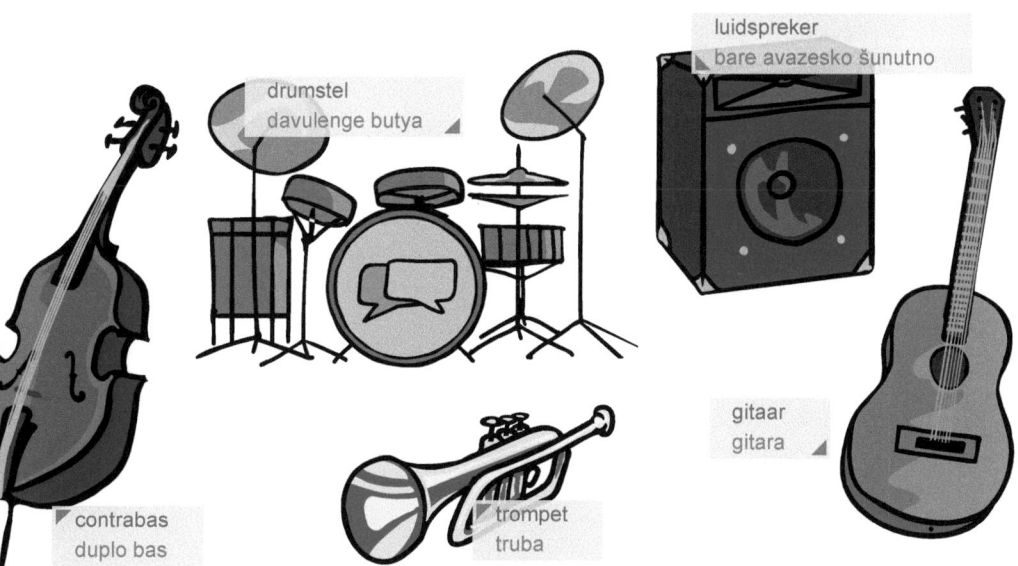

drumstel
davulenge butya

luidspreker
bare avazesko šunutno

gitaar
gitara

contrabas
duplo bas

trompet
truba

piano
piano

viool
kemana

basgitaar
bas

pauk
timpani

trommels
davulia

keyboard
sintisajzeri

saxofoon
saksafoni

fluit
flejta

microfoon
mikrofoni

tijger
tigari

ingang
khuvin

kooi
kafezi

ebra
ebra nakhimaski

diereneten
hajvanengo parvaripe

panda
panda

dieren
hajvania

olifant
elefanti

kangoeroe
kenguri

neushoorn
rino

gorilla
gorila

beer
ričini

kameel

kamila

struisvogel

ostriga

leeuw

aslani

aap

majmuni

flamingo

flamingo

papegaai

papagali

ijsbeer

polarno ričini

pinguïn

pingvini

haai

ajkula

pauw

pauno

slang

sap

krokodil

krokodilo

dierenverzorger

zoo arakhutno

zeehond

foka

jaguar

jaguari

pony
poni

luipaard
leopardi

nijlpaard
hipo

giraffe
žirafa

adelaar
zorale kandžengi paškin

wild zwijn
bali

vis
mačho

zeeschildpad
želka

walrus
morži

vos
lumri

gazelle
gazela

rugby
Amerikako fudbali

wielrennen
biciklizmo

tennis
tenis

basketbal
basketboli

zwemmen
nangjovibe

boksen
boksi

ijshockey
hokej ko paho

voetbal
fudbali

badminton
badmington

atletiek
atletika

handbal
vasteskoboli

skiën
skiibe

polo
polo

# activiteiten
## aktivitetia

lachen
asaibe
springen
hutibe
knuffelen
deibe angali
wandelen
phiribe
zingen
giljavibe
dromen
dikhibe suno
bidden
azirikeribe
kussen
čumibe


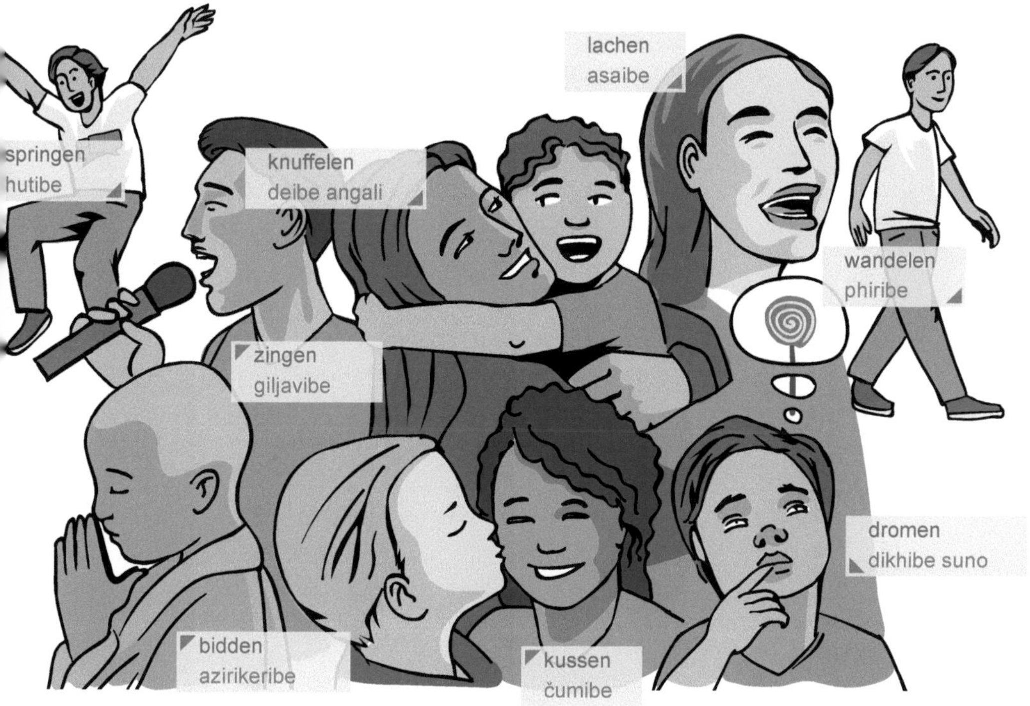

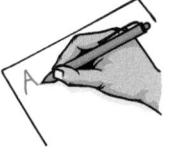

schrijven
hramovibe

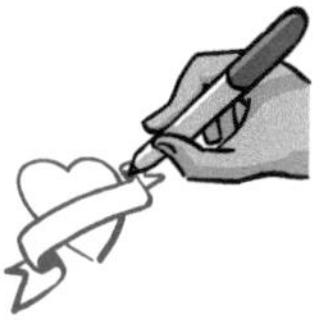

tekenen
čitribe

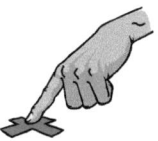

tonen
sikavibe

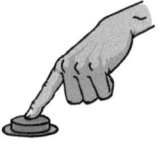

duwen
cidljaribe

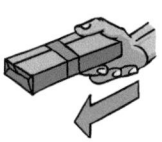

geven
deibe

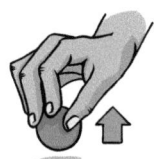

nemen
leibe

hebben

isibe

doen

keribe

zijn

te ovel

staan

tergyovibe

lopen

prastaibe

trekken

cidibe

gooien

čhudibe

vallen

peribe

liggen

hovavibe

wachten

adžikeribe

dragen

phiravibe

zitten

bešibe

aankleden

urjavibe

slapen

sovibe

ontwaken

džangavibe

kijken naar

dikhibe ko

wenen

rovibe

aaien

čalavibe

kammen

uhlavibr

praten

vakeribe

begrijpen

haljovibe

vragen

puč

luisteren

šunibe

drinken

piibe

eten

habe

opruimen

užaribe

houden van

kamibe

koken

keribe habe

rijden

paldibe vordon

vliegen

urjalibe

activiteiten - aktivitetia

zeilen

vaporea džaibe

rekenen

kalkulirin

Lezen

drabaribe

leren

sikljovibe

werken

butikeribe

trouwen

prandibe

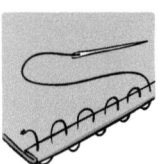

naaien

suvibe

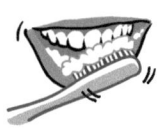

tandenpoetsen

thovibe danda

doden

mudaribe

roken

piibe dahani

sturen

bičhalibe

# familie
# familiya

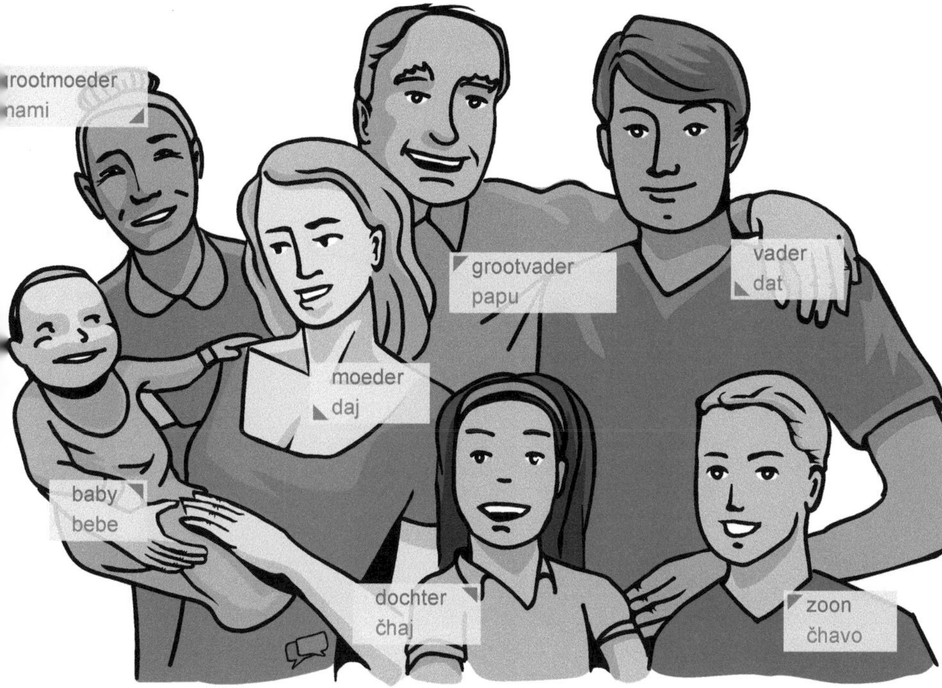

rootmoeder
nami
grootvader
papu
vader
dat
moeder
daj
baby
bebe
dochter
čhaj
zoon
čhavo


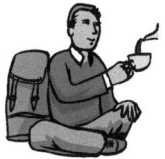

gast

misafiri

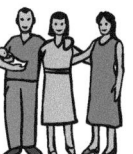

tante

bibi

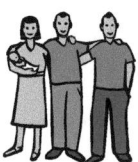

oom

kako

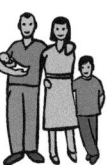

broer

phral

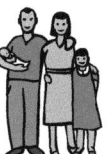

zus

phen

# lichaam
# trupo

voorhoofd
čekat
oog
jakh
schouder
piko
vinger
naj
gezicht
muj
kin
vilica
hand
vast
been
pundro
borst
čuči
arm
musik


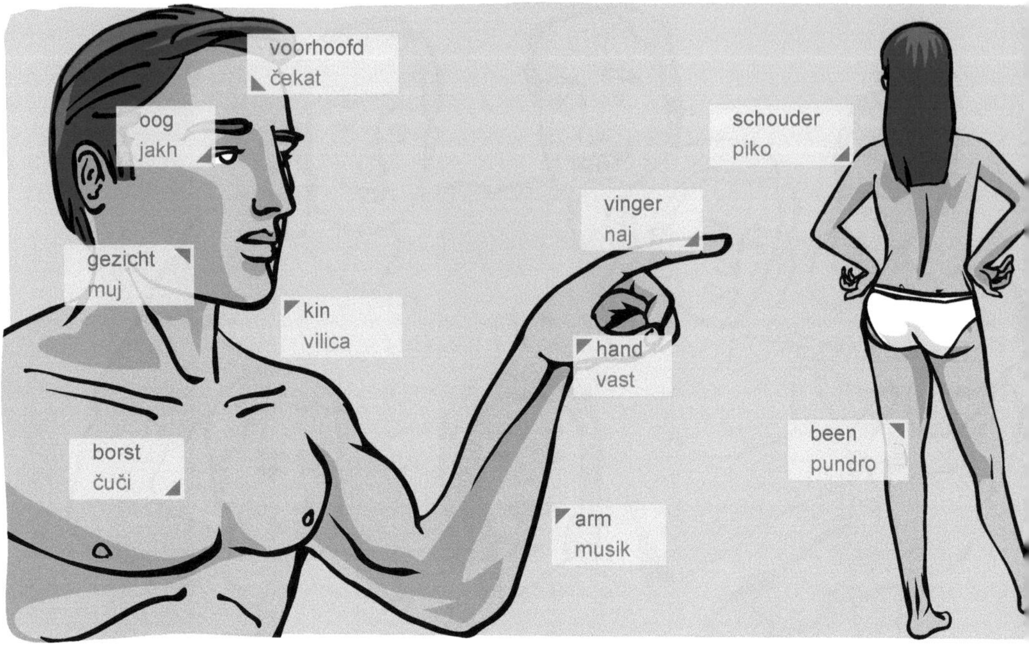

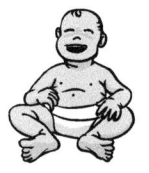

baby
bebe

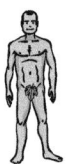

man
murš

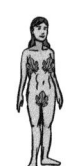

vrouw
džuvli

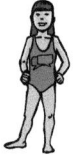

meisje
čhaj

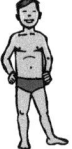

jongen
ćhavo

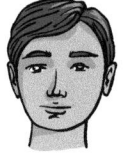

hoofd
šero

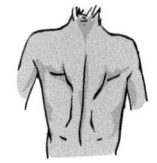

rug
........................
dumo

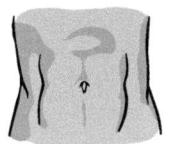

buik
........................
maškar

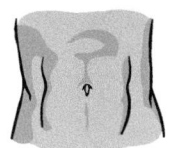

navel
........................
pupko

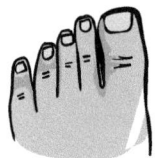

teen
........................
pundrenge naja

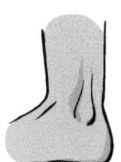

hiel
........................
patum

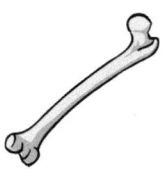

bot
........................
kokalo

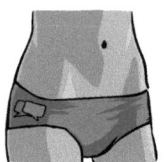

heup
........................
kuko

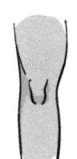

knie
........................
koč

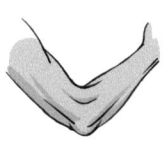

elleboog
........................
lahci

neus
........................
nakh

zitvlak
........................
bul

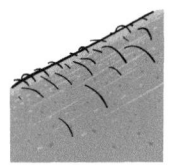

huid
........................
mortik

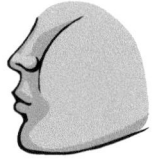

wang
........................
čham

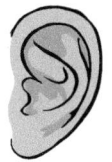

oor
........................
kan

lip
........................
voš

mond
muj

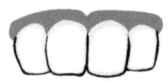

tand
danda

tong
ćhib

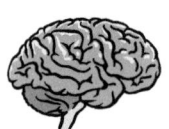

hersenen
godi

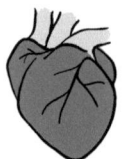

hart
vilo

spier
muskulo

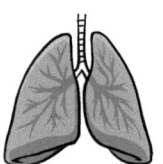

long
kolin

lever
buko

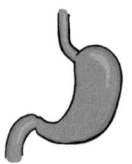

maag
vogi

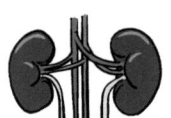

nieren
bubrekora

seks
seks

condoom
kondomi

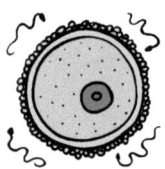

eicel
yarengi kletka

sperma
sperma

zwangerschap
khamnipe

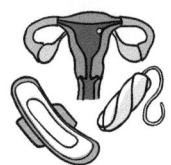

menstruatie
..................
menstruaciya

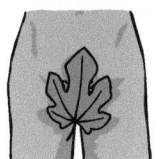

vagina
..................
vagina

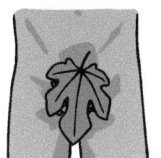

penis
..................
penis

wenkbrauw
..................
phov

haar
..................
bala

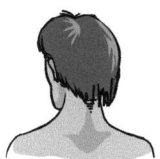

nek
..................
men

# ziekenhuis
# hospitalo

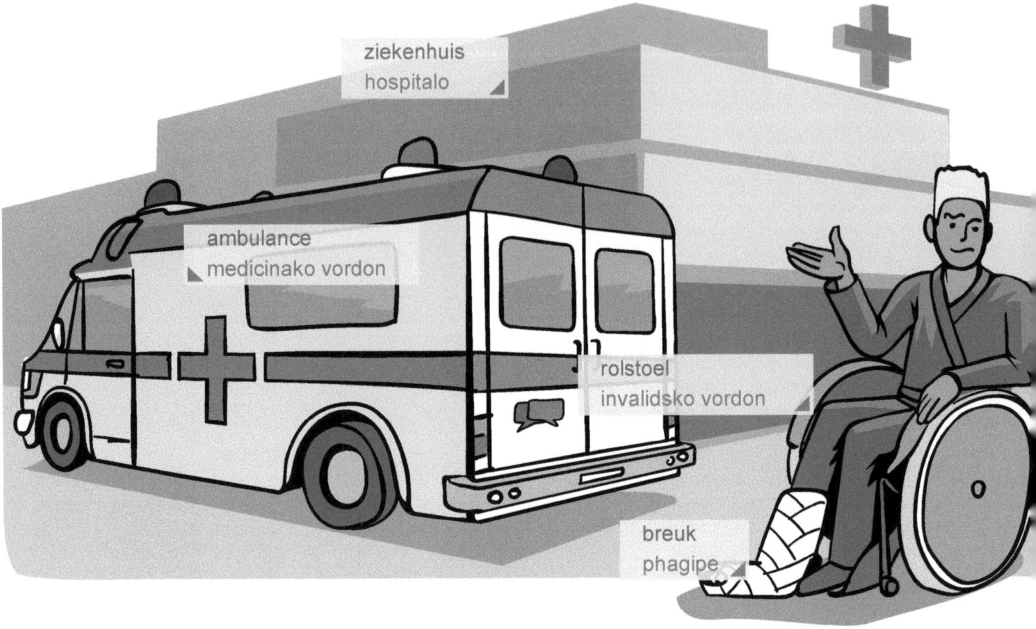

ziekenhuis
hospitalo
ambulance
medicinako vordon
rolstoel
invalidsko vordon
breuk
phagipe

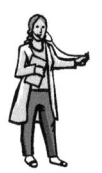

dokter

doktoro

spoed

sigyarimaski kamara

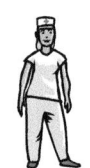

verpleegkundige

medicinaki phen

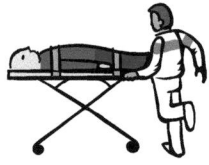

noodgeval

sigyaripen

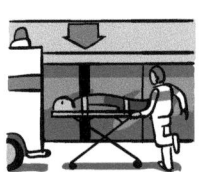

bewusteloos

ki koma

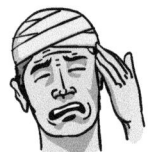

pijn

dukh

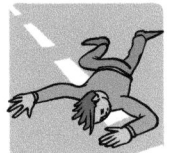

verwonding
dukhavipen

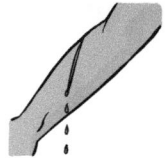

bloeding
ratvaripe

hartaanval
infrakto

beroerte
šlog

allergie
alergiya

hoest
khuinibe

koorts
tinanipe

griep
gripa

diarree
diyarea

hoofdpijn
šereski dukh

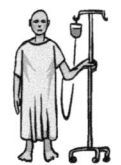

kanker
kanceri

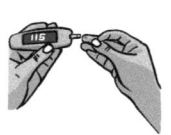

diabetes
diyabetes

chirurg
operaciya

scalpel
skalperi

operatie
operaciya

CT

CT

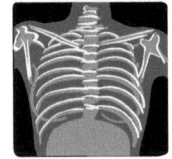

röntgenstraal

rentgen

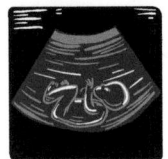

ultrageluid

ultra avazo

gezichtsmasker

mujeski maska

ziekte

nasvalipe

wachtkamer

adžukyarimasko than

kruk

paterica

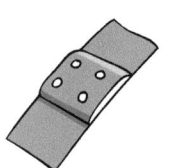

pleister

flastero

verband

phandimaski gaza

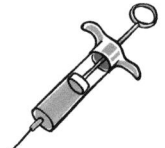

injectie

inyekciya

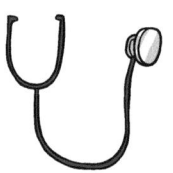

stethoscoop

stetoskopo

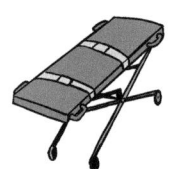

brancard

tregero

thermometer

klinicko termometro

geboorte

biyanipe

overgewicht

baro thulipe

hoorapparaat

ašunimasko aparato

ontsmettingsmiddel

dezinfekciako

infectie

infekciya

virus

viruso

HIV / AIDS

HIV / SIDA

medicijn

medicina

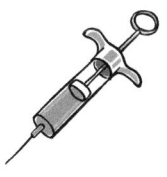

vaccinatie

vakcinaciya

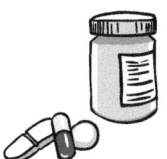

tabletten

tabletura

pil

hapi

noodoproep

gyarimasko akharipe

bloeddrukmeter

monitori vaš učo pretisak

ziek / gezond

nasvalo / sasto

| | | |
|---|---|---|
| Help!<br>Mažutisar! | <br>alarm<br>alarmo | <br>overval<br>atako |
| 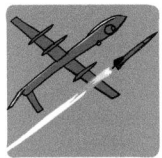<br>aanval<br>atako | <br>gevaar<br>dar buti | <br>nooduitgang<br>sigyarimasko iklyovipen |
| Brand!<br>Bari jag! | <br>brandblusser<br>mamuj jagako aparati | <br>ongeval<br>bibax |
| 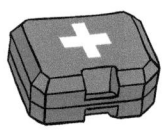<br>EHBO-kit<br>butya avgo ažutimaske | <br>SOS<br>SOS | <br>politie<br>Policia |

Europa

Evropa

Noord-Amerika

Utarali Amerika

Zuid-Amerika

Purabali Amerika

Afrika

Afrika

Azië

Azija

Australië

Australia

Atlantische Oceaan

Atlantiko

Stille Oceaan

Pacifiko

Indische Oceaan

Indiako Okeano

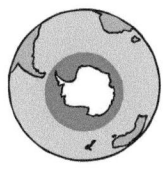

Antarctische Oceaan

ntarktikosko Okeano

Arctische Oceaan

Arktikosko Okeano

Noordpool

Utaralo poli

Zuidpool

Purabalo poli

Antarctica

Antarktiko

aarde

phuv

land

phuv

zee

samudra

eiland

džaziri

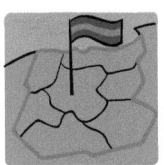

natie

nacija

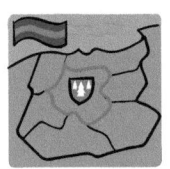

staat

raštra

wijzerplaat

saatosko gendo

uurwijzer

saatoski sikavni

minuutwijzer

dakikongi sikavni

secondewijzer

undarno saatoski sikavin

Hoe laat is het?

Kozom si o saato?

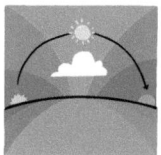

dag

dive

tijd

vrama

nu

akana

digitale horloge

digitalno saato

minuut

dakika

uur

časo

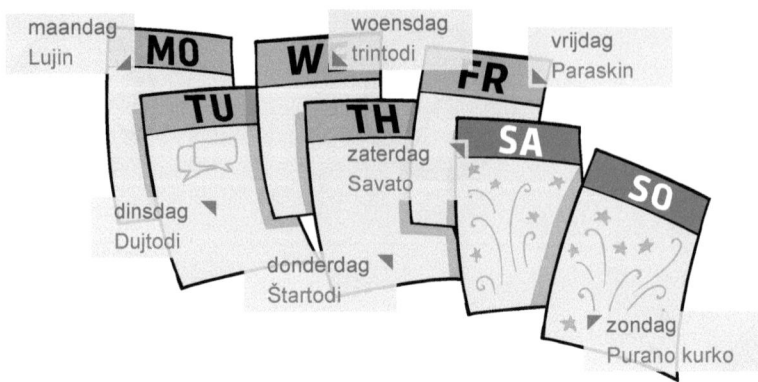

maandag
Lujin

woensdag
trintodi

vrijdag
Paraskin

dinsdag
Dujtodi

zaterdag
Savato

donderdag
Štartodi

zondag
Purano kurko

gisteren

erati

vandaag

avdive

morgen

tajsa

ochtend

javin

middag

ekvaš dive

avond

blevel

werkdagen

butyarne divesa

weekend

vikend

# jaar
# berš

regen
biršim
regenboog
renkali badalin
wind
bavlal
sneeuw
iv
lente
anglonilaj
herfst
palonilaj
zomer
nilaj
winter
ivend

4.APRIL 11°
5.APRIL 4°
6.APRIL 13°
7.APRIL 8°
8.APRIL 10°

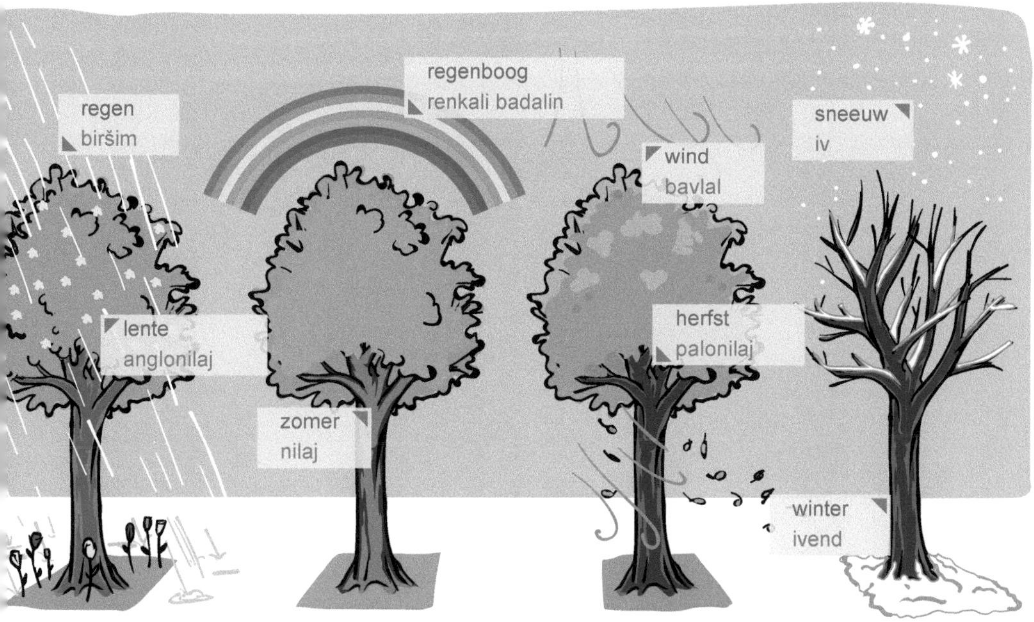

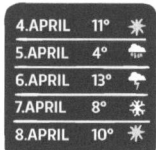

weervoorspelling

vramakoro vakeribe

F C
120 40
90 30
60 20
30 10
0 0
-30 -10
-20

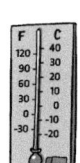

thermometer

termometro

zonneschijn

khamalo

wolk

badal

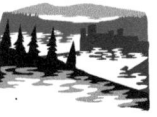

mist

muhi

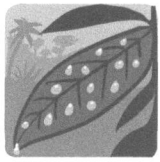

vochtigheid

nemlime hava

bliksem

šemšekoja

donder

šemšekosko čalavibe

storm

bura

hagel

kijameti

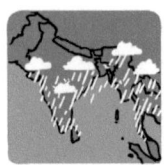

moesson

monsuni

overstroming

baro pani

ijs

paho

januari

Januaro

februari

Februaro

maart

Marto

april

Aprilo

mei

Majo

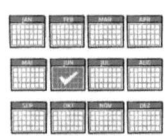

juni

Juno

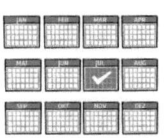

juli

Julo

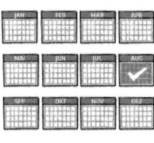

augustus

Augusto

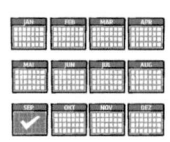

september
.................
Septembro

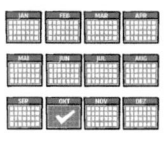

oktober
.................
Oktombro

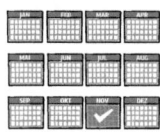

november
.................
Novembro

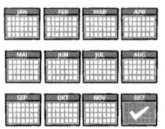

december
.................
Dekembro

## vormen
## forme

cirkel
.................
rota

kwadraat
.................
kvadrati

rechthoek
.................
rektanglo

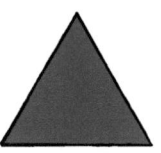

driehoek
.................
trianglo

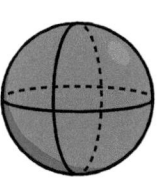

bol
.................
sfera

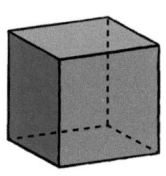

kubus
.................
kocka

wit
......................
parni

geel
......................
galbeno

oranje
......................
pomarandža

roze
......................
roze

rood
......................
loli

paars
......................
lila

blauw
......................
vunato

groen
......................
harjali

bruin
......................
kafeno

grijs
......................
kuršumlija

zwart
......................
kali

veel / weinig
.................
but / hari

boos / kalm
.................
holjame / mudro

mooi / lelijk
.................
šuži / bišuži

begin / einde
.................
starto / agor

groot / klein
.................
baro / tikno

licht / donker
.................
puterde bojako / phanle bojako

broer / zus
.................
phral / phen

proper / vuil
.................
užo / melalo

volledig / onvolledig
.................
sahno / bisahno

dag / nacht
.................
dive / rat

dood / levend
.................
mulo / dživdo

breed / smal
.................
buvlo / tank

eetbaar / oneetbaar

hala pe / na hala pe

kwaadaardig / vriendelijk

džungalo / šukar

opgewonden / verveeld

bare vogjea / bi vogjea

dik / dun

thulo / kišlo

eerst / laatst

avgo / paluno

vriend / vijand

amal / dušmani

vol / leeg

pherdo / čučo

hard / zacht

zoralo / kovlo

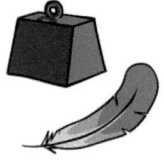

zwaar / licht

pharo / lokho

honger / dorst

bokh / truš

ziek / gezond

nasvalo / sasto

illegaal / legaal

ilegalno / legalno

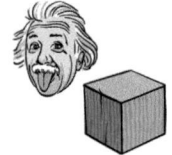

intelligent / dom

godyaver / bigodyako

links / rechts

bajan / dahin

dichtbij / veraf

paše / dur

nieuw / gebruikt

nevo / purano

niets / iets

khanči / vareso

oud / jong

phuro / terno

aan / uit

phabardo / ačhavdo

open / dicht

puterdo / phanlo

stil / luid

mudro / bare avazeskoro

rijk / arm

barvalo / čorolo

juist / fout

čačutno / došalo

ruw / glad

zoralo / kovlo

droevig / blij

mazuni / lošalo

kort / lang

skurto / lungo

traag / snel

pohari / sigate

nat / droog

sapano / šuko

warm / koud

tato / šudro

oorlog / vrede

mareba / sansari

**0**

nul

zero

**1**

één

jek

**2**

twee

duj

**3**

drie

trin

**4**

vier

štar

**5**

vijf

panč

**6**

zes

šov

**7**

zeven

efta

**8**

acht

ohto

**9**

negen

enja

**10**

tien

deš

**11**

elf

dešujek

| **12** | **13** | **14** |
|---|---|---|
| twaalf | dertien | veertien |
| dešuduj | dešutrin | dešuštar |

| **15** | **16** | **17** |
|---|---|---|
| vijftien | zestien | zeventien |
| dešupanč | dešušov | dešefta |

| **18** | **19** | **20** |
|---|---|---|
| achtien | negentien | twintig |
| dešohto | dešenja | biš |

| **100** | **1.000** | **1.000.000** |
|---|---|---|
| honderd | duizend | miljoen |
| šel | milja | milioni |

Engels

Anglicko

Amerikaans Engels

Americko Anglicko

Chinees (Mandarijn)

Kinesko Mandarinsko

Hindi

Indisko

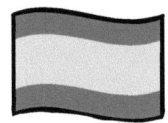

Spaans

Špansko

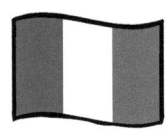

Frans

Francusko

Arabisch

Arapsko

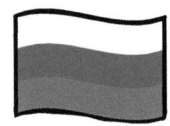

Russisch

Rusko

Portugees

Portugalsko

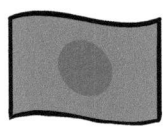

Bengali

Bengalsko

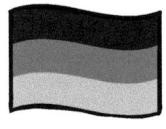

Duits

Nemicko

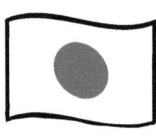

Japans

Japansko

ik

thaj

u

tu

hij / zij / het

ov / oj

wij

amen

u

tumen

ze

ola

wie?

ko?

wat?

so?

hoe?

sar?

waar?

kote?

wanneer?

kana?

naam

anav

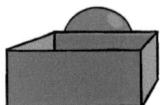

achter

palal

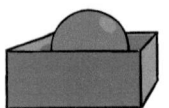

in

andre

voor

anglal o

boven

upral

op

an

onder

telal

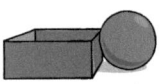

naast

trujal

tussen

maškaral

plaats

than